Handwriting Practice Sheet

Aa Bb Cc Dd Ee

Ff Gg Hh Ii Jj

Kk Ll Mm Nn Oo

Pp Qq Rr Ss Tt

Uu Vv Ww Xx Yy

Zz

Handwriting Practice Sheet

Aa Bb Cc Dd Ee

Ff Gg Hh Ii Jj

Kk Ll Mm Nn Oo

Pp Qq Rr Ss Tt

Uu Vv Ww Xx Yy

Zz

Handwriting Practice Sheet

Aa Bb Cc Dd Ee

Ff Gg Hh Ii Jj

Kk Ll Mm Nn Oo

Pp Qq Rr Ss Tt

Uu Vv Ww Xx Yy

Zz

Handwriting Practice Sheet

Aa Bb Cc Dd Ee

Ff Gg Hh Ii Jj

Kk Ll Mm Nn Oo

Pp Qq Rr Ss Tt

Uu Vv Ww Xx Yy

Zz

Handwriting Practice Sheet

Aa Bb Cc Dd Ee

Ff Gg Hh Ii Jj

Kk Ll Mm Nn Oo

Pp Qq Rr Ss Tt

Uu Vv Ww Xx Yy

Zz

Handwriting Practice Sheet

Aa Bb Cc Dd Ee

Ff Gg Hh Ii Jj

Kk Ll Mm Nn Oo

Pp Qq Rr Ss Tt

Uu Vv Ww Xx Yy

Zz

Handwriting Practice Sheet

Aa Bb Cc Dd Ee

Ff Gg Hh Ii Jj

Kk Ll Mm Nn Oo

Pp Qq Rr Ss Tt

Uu Vv Ww Xx Yy

Zz

Handwriting Practice Sheet

Aa Bb Cc Dd Ee

Ff Gg Hh Ii Jj

Kk Ll Mm Nn Oo

Pp Qq Rr Ss Tt

Uu Vv Ww Xx Yy

Zz

Handwriting Practice Sheet

Aa Bb Cc Dd Ee

Ff Gg Hh Ii Jj

Kk Ll Mm Nn Oo

Pp Qq Rr Ss Tt

Uu Vv Ww Xx Yy

Zz

Handwriting Practice Sheet

Aa Bb Cc Dd Ee

Ff Gg Hh Ii Jj

Kk Ll Mm Nn Oo

Pp Qq Rr Ss Tt

Uu Vv Ww Xx Yy

Zz

Handwriting Practice Sheet

Aa Bb Cc Dd Ee

Ff Gg Hh Ii Jj

Kk Ll Mm Nn Oo

Pp Qq Rr Ss Tt

Uu Vv Ww Xx Yy

Zz

Handwriting Practice Sheet

Aa Bb Cc Dd Ee

Ff Gg Hh Ii Jj

Kk Ll Mm Nn Oo

Pp Qq Rr Ss Tt

Uu Vv Ww Xx Yy

Zz

Handwriting Practice Sheet

Aa Bb Cc Dd Ee

Ff Gg Hh Ii Jj

Kk Ll Mm Nn Oo

Pp Qq Rr Ss Tt

Uu Vv Ww Xx Yy

Zz

Handwriting Practice Sheet

Aa Bb Cc Dd Ee

Ff Gg Hh Ii Jj

Kk Ll Mm Nn Oo

Pp Qq Rr Ss Tt

Uu Vv Ww Xx Yy

Zz

Handwriting Practice Sheet

Aa Bb Cc Dd Ee

Ff Gg Hh Ii Jj

Kk Ll Mm Nn Oo

Pp Qq Rr Ss Tt

Uu Vv Ww Xx Yy

Zz

Handwriting Practice Sheet

Aa Bb Cc Dd Ee

Ff Gg Hh Ii Jj

Kk Ll Mm Nn Oo

Pp Qq Rr Ss Tt

Uu Vv Ww Xx Yy

Zz

Handwriting Practice Sheet

Aa Bb Cc Dd Ee

Ff Gg Hh Ii Jj

Kk Ll Mm Nn Oo

Pp Qq Rr Ss Tt

Uu Vv Ww Xx Yy

Zz

Handwriting Practice Sheet

Aa Bb Cc Dd Ee

Ff Gg Hh Ii Jj

Kk Ll Mm Nn Oo

Pp Qq Rr Ss Tt

Uu Vv Ww Xx Yy

Zz

Handwriting Practice Sheet

Aa Bb Cc Dd Ee

Ff Gg Hh Ii Jj

Kk Ll Mm Nn Oo

Pp Qq Rr Ss Tt

Uu Vv Ww Xx Yy

Zz

Handwriting Practice Shee

Aa Bb Cc Dd Ee

Ff Gg Hh Ii Jj

Kk Ll Mm Nn Oo

Pp Qq Rr Ss Tt

Uu Vv Ww Xx Yy

Zz

Handwriting Practice Sheet

Aa Bb Cc Dd Ee

Ff Gg Hh Ii Jj

Kk Ll Mm Nn Oo

Pp Qq Rr Ss Tt

Uu Vv Ww Xx Yy

Zz

Handwriting Practice Sheet

Aa Bb Cc Dd Ee

Ff Gg Hh Ii Jj

Kk Ll Mm Nn Oo

Pp Qq Rr Ss Tt

Uu Vv Ww Xx Yy

Zz

Handwriting Practice Sheet

Aa Bb Cc Dd Ee

Ff Gg Hh Ii Jj

Kk Ll Mm Nn Oo

Pp Qq Rr Ss Tt

Uu Vv Ww Xx Yy

Zz

Handwriting Practice Shee

Aa Bb Cc Dd Ee

Ff Gg Hh Ii Jj

Kk Ll Mm Nn Oo

Pp Qq Rr Ss Tt

Uu Vv Ww Xx Y

Z

Handwriting Practice Sheet

Aa Bb Cc Dd Ee

Ff Gg Hh Ii Jj

Kk Ll Mm Nn Oo

Pp Qq Rr Ss Tt

Uu Vv Ww Xx Yy

Zz

Handwriting Practice Shee

Aa Bb Cc Dd Ee

Ff Gg Hh Ii Jj

Kk Ll Mm Nn Oo

Pp Qq Rr Ss Tt

Uu Vv Ww Xx Yy

Zz

Handwriting Practice Sheet

Aa Bb Cc Dd Ee

Ff Gg Hh Ii Jj

Kk Ll Mm Nn Oo

Pp Qq Rr Ss Tt

Uu Vv Ww Xx Yy

Zz

Handwriting Practice Shee

Aa Bb Cc Dd Ee

Ff Gg Hh Ii Jj

Kk Ll Mm Nn Oo

Pp Qq Rr Ss Tt

Uu Vv Ww Xx Yy

Zz

Handwriting Practice Sheet

Aa Bb Cc Dd Ee

Ff Gg Hh Ii Jj

Kk Ll Mm Nn Oo

Pp Qq Rr Ss Tt

Uu Vv Ww Xx Yy

Zz

Handwriting Practice Shee

Aa Bb Cc Dd Ee

Ff Gg Hh Ii Jj

Kk Ll Mm Nn Oo

Pp Qq Rr Ss Tt

Uu Vv Ww Xx Yy

Zz

Handwriting Practice Sheet

Aa Bb Cc Dd Ee

Ff Gg Hh Ii Jj

Kk Ll Mm Nn Oo

Pp Qq Rr Ss Tt

Uu Vv Ww Xx Yy

Zz

Handwriting Practice Sheet

Aa Bb Cc Dd Ee

Ff Gg Hh Ii Jj

Kk Ll Mm Nn Oo

Pp Qq Rr Ss Tt

Uu Vv Ww Xx Yy

Zz

Handwriting Practice Sheet

Aa Bb Cc Dd Ee

Ff Gg Hh Ii Jj

Kk Ll Mm Nn Oo

Pp Qq Rr Ss Tt

Uu Vv Ww Xx Yy

Zz

Handwriting Practice Shee

Aa Bb Cc Dd Ee

Ff Gg Hh Ii Jj

Kk Ll Mm Nn Oo

Pp Qq Rr Ss Tt

Uu Vv Ww Xx Yy

Zz

Handwriting Practice Sheet

Aa Bb Cc Dd Ee

Ff Gg Hh Ii Jj

Kk Ll Mm Nn Oo

Pp Qq Rr Ss Tt

Uu Vv Ww Xx Yy

Zz

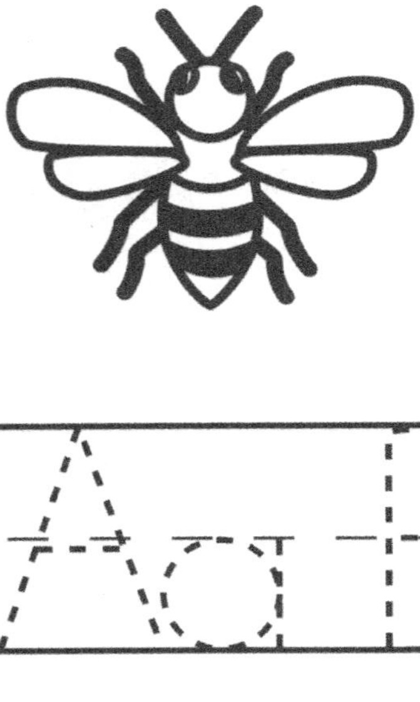

Handwriting Practice Shee

Aa Bb Cc Dd Ee

Ff Gg Hh Ii Jj

Kk Ll Mm Nn Oo

Pp Qq Rr Ss Tt

Uu Vv Ww Xx Yy

Zz

Handwriting Practice Sheet

Aa Bb Cc Dd Ee

Ff Gg Hh Ii Jj

Kk Ll Mm Nn Oo

Pp Qq Rr Ss Tt

Uu Vv Ww Xx Yy

Zz

Handwriting Practice Shee

Aa Bb Cc Dd Ee

Ff Gg Hh Ii Jj

Kk Ll Mm Nn Oo

Pp Qq Rr Ss Tt

Uu Vv Ww Xx Yy

Zz

Handwriting Practice Sheet

Aa Bb Cc Dd Ee

Ff Gg Hh Ii Jj

Kk Ll Mm Nn Oo

Pp Qq Rr Ss Tt

Uu Vv Ww Xx Yy

Zz

Handwriting Practice Sheet

Aa Bb Cc Dd Ee

Ff Gg Hh Ii Jj

Kk Ll Mm Nn Oo

Pp Qq Rr Ss Tt

Uu Vv Ww Xx Yy

Zz

Handwriting Practice Sheet

Aa Bb Cc Dd Ee

Ff Gg Hh Ii Jj

Kk Ll Mm Nn Oo

Pp Qq Rr Ss Tt

Uu Vv Ww Xx Yy

Zz

Handwriting Practice Shee

Aa Bb Cc Dd Ee

Ff Gg Hh Ii Jj

Kk Ll Mm Nn Oo

Pp Qq Rr Ss Tt

Uu Vv Ww Xx Yy

Zz

Handwriting Practice Sheet

Aa Bb Cc Dd Ee

Ff Gg Hh Ii Jj

Kk Ll Mm Nn Oo

Pp Qq Rr Ss Tt

Uu Vv Ww Xx Yy

Zz

Handwriting Practice Shee

Aa Bb Cc Dd Ee

Ff Gg Hh Ii Jj

Kk Ll Mm Nn Oo

Pp Qq Rr Ss Tt

Uu Vv Ww Xx Yy

Zz

Handwriting Practice Sheet

Aa Bb Cc Dd Ee

Ff Gg Hh Ii Jj

Kk Ll Mm Nn Oo

Pp Qq Rr Ss Tt

Uu Vv Ww Xx Yy

Zz

Handwriting Practice Sheet

Aa Bb Cc Dd Ee

Ff Gg Hh Ii Jj

Kk Ll Mm Nn Oo

Pp Qq Rr Ss Tt

Uu Vv Ww Xx Yy

Zz

Handwriting Practice Sheet

Aa Bb Cc Dd Ee

Ff Gg Hh Ii Jj

Kk Ll Mm Nn Oo

Pp Qq Rr Ss Tt

Uu Vv Ww Xx Yy

Zz

Handwriting Practice Sheet

Aa Bb Cc Dd Ee

Ff Gg Hh Ii Jj

Kk Ll Mm Nn Oo

Pp Qq Rr Ss Tt

Uu Vv Ww Xx Yy

Zz

Handwriting Practice Sheet

Aa Bb Cc Dd Ee

Ff Gg Hh Ii Jj

Kk Ll Mm Nn Oo

Pp Qq Rr Ss Tt

Uu Vv Ww Xx Yy

Zz

Handwriting Practice Shee

Aa Bb Cc Dd Ee

Ff Gg Hh Ii Jj

Kk Ll Mm Nn Oo

Pp Qq Rr Ss Tt

Uu Vv Ww Xx Yy

Zz

Handwriting Practice Sheet

Aa Bb Cc Dd Ee

Ff Gg Hh Ii Jj

Kk Ll Mm Nn Oo

Pp Qq Rr Ss Tt

Uu Vv Ww Xx Yy

Zz

Handwriting Practice Shee

Aa Bb Cc Dd Ee

Ff Gg Hh Ii Jj

Kk Ll Mm Nn Oo

Pp Qq Rr Ss Tt

Uu Vv Ww Xx Yy

Zz

Handwriting Practice Sheet

Aa Bb Cc Dd Ee

Ff Gg Hh Ii Jj

Kk Ll Mm Nn Oo

Pp Qq Rr Ss Tt

Uu Vv Ww Xx Yy

Zz

Handwriting Practice Shee

Aa Bb Cc Dd Ee

Ff Gg Hh Ii Jj

Kk Ll Mm Nn Oo

Pp Qq Rr Ss Tt

Uu Vv Ww Xx Yy

Zz

Handwriting Practice Sheet

Aa Bb Cc Dd Ee

Ff Gg Hh Ii Jj

Kk Ll Mm Nn Oo

Pp Qq Rr Ss Tt

Uu Vv Ww Xx Yy

Zz

Handwriting Practice Sheet

Aa Bb Cc Dd Ee

Ff Gg Hh Ii Jj

Kk Ll Mm Nn Oo

Pp Qq Rr Ss Tt

Uu Vv Ww Xx Yy

Zz

Handwriting Practice Sheet

Aa Bb Cc Dd Ee

Ff Gg Hh Ii Jj

Kk Ll Mm Nn Oo

Pp Qq Rr Ss Tt

Uu Vv Ww Xx Yy

Zz

Handwriting Practice Shee

Aa Bb Cc Dd Ee

Ff Gg Hh Ii Jj

Kk Ll Mm Nn Oo

Pp Qq Rr Ss Tt

Uu Vv Ww Xx Yy

Zz

Handwriting Practice Sheet

Aa Bb Cc Dd Ee

Ff Gg Hh Ii Jj

Kk Ll Mm Nn Oo

Pp Qq Rr Ss Tt

Uu Vv Ww Xx Yy

Zz

Handwriting Practice Sheet

Aa Bb Cc Dd Ee

Ff Gg Hh Ii Jj

Kk Ll Mm Nn Oo

Pp Qq Rr Ss Tt

Uu Vv Ww Xx Yy

Zz

Handwriting Practice Sheet

Aa Bb Cc Dd Ee

Ff Gg Hh Ii Jj

Kk Ll Mm Nn Oo

Pp Qq Rr Ss Tt

Uu Vv Ww Xx Yy

Zz

Handwriting Practice Shee

Aa Bb Cc Dd Ee

Ff Gg Hh Ii Jj

Kk Ll Mm Nn Oo

Pp Qq Rr Ss Tt

Uu Vv Ww Xx Yy

Zz

Handwriting Practice Sheet

Aa Bb Cc Dd Ee

Ff Gg Hh Ii Jj

Kk Ll Mm Nn Oo

Pp Qq Rr Ss Tt

Uu Vv Ww Xx Yy

Zz

Handwriting Practice Shee

Aa Bb Cc Dd Ee

Ff Gg Hh Ii Jj

Kk Ll Mm Nn Oo

Pp Qq Rr Ss Tt

Uu Vv Ww Xx Yy

Zz

Handwriting Practice Sheet

Aa Bb Cc Dd Ee

Ff Gg Hh Ii Jj

Kk Ll Mm Nn Oo

Pp Qq Rr Ss Tt

Uu Vv Ww Xx Yy

Zz

Handwriting Practice Sheet

Aa Bb Cc Dd Ee

Ff Gg Hh Ii Jj

Kk Ll Mm Nn Oo

Pp Qq Rr Ss Tt

Uu Vv Ww Xx Yy

Zz

Handwriting Practice Sheet

Aa Bb Cc Dd Ee

Ff Gg Hh Ii Jj

Kk Ll Mm Nn Oo

Pp Qq Rr Ss Tt

Uu Vv Ww Xx Yy

Zz

Handwriting Practice Sheet

Aa Bb Cc Dd Ee

Ff Gg Hh Ii Jj

Kk Ll Mm Nn Oo

Pp Qq Rr Ss Tt

Uu Vv Ww Xx Yy

Zz

Handwriting Practice Sheet

Aa Bb Cc Dd Ee

Ff Gg Hh Ii Jj

Kk Ll Mm Nn Oo

Pp Qq Rr Ss Tt

Uu Vv Ww Xx Yy

Zz

Handwriting Practice Shee

Aa Bb Cc Dd Ee

Ff Gg Hh Ii Jj

Kk Ll Mm Nn Oo

Pp Qq Rr Ss Tt

Uu Vv Ww Xx Yy

Zz

Handwriting Practice Sheet

Aa Bb Cc Dd Ee

Ff Gg Hh Ii Jj

Kk Ll Mm Nn Oo

Pp Qq Rr Ss Tt

Uu Vv Ww Xx Yy

Zz

Handwriting Practice Sheet

Aa Bb Cc Dd Ee

Ff Gg Hh Ii Jj

Kk Ll Mm Nn Oo

Pp Qq Rr Ss Tt

Uu Vv Ww Xx Yy

Zz

Handwriting Practice Sheet

Aa Bb Cc Dd Ee

Ff Gg Hh Ii Jj

Kk Ll Mm Nn Oo

Pp Qq Rr Ss Tt

Uu Vv Ww Xx Yy

Zz

Handwriting Practice Sheet

Aa Bb Cc Dd Ee

Ff Gg Hh Ii Jj

Kk Ll Mm Nn Oo

Pp Qq Rr Ss Tt

Uu Vv Ww Xx Yy

Zz

Handwriting Practice Sheet

Aa Bb Cc Dd Ee

Ff Gg Hh Ii Jj

Kk Ll Mm Nn Oo

Pp Qq Rr Ss Tt

Uu Vv Ww Xx Yy

Zz

Handwriting Practice Sheet

Aa Bb Cc Dd Ee

Ff Gg Hh Ii Jj

Kk Ll Mm Nn Oo

Pp Qq Rr Ss Tt

Uu Vv Ww Xx Yy

Zz

Handwriting Practice Sheet

Aa Bb Cc Dd Ee

Ff Gg Hh Ii Jj

Kk Ll Mm Nn Oo

Pp Qq Rr Ss Tt

Uu Vv Ww Xx Yy

Zz

Handwriting Practice Sheet

Aa Bb Cc Dd Ee

Ff Gg Hh Ii Jj

Kk Ll Mm Nn Oo

Pp Qq Rr Ss Tt

Uu Vv Ww Xx Yy

Zz

Handwriting Practice Sheet

Aa Bb Cc Dd Ee

Ff Gg Hh Ii Jj

Kk Ll Mm Nn Oo

Pp Qq Rr Ss Tt

Uu Vv Ww Xx Yy

Zz

Handwriting Practice Shee

Aa Bb Cc Dd Ee

Ff Gg Hh Ii Jj

Kk Ll Mm Nn Oo

Pp Qq Rr Ss Tt

Uu Vv Ww Xx Yy

Zz

Handwriting Practice Sheet

Aa Bb Cc Dd Ee

Ff Gg Hh Ii Jj

Kk Ll Mm Nn Oo

Pp Qq Rr Ss Tt

Uu Vv Ww Xx Yy

Zz

Handwriting Practice Sheet

Aa Bb Cc Dd Ee

Ff Gg Hh Ii Jj

Kk Ll Mm Nn Oo

Pp Qq Rr Ss Tt

Uu Vv Ww Xx Yy

Zz

Handwriting Practice Sheet

Aa Bb Cc Dd Ee

Ff Gg Hh Ii Jj

Kk Ll Mm Nn Oo

Pp Qq Rr Ss Tt

Uu Vv Ww Xx Yy

Zz

Handwriting Practice Sheet

Aa Bb Cc Dd Ee

Ff Gg Hh Ii Jj

Kk Ll Mm Nn Oo

Pp Qq Rr Ss Tt

Uu Vv Ww Xx Yy

Zz

Handwriting Practice Sheet

Aa Bb Cc Dd Ee

Ff Gg Hh Ii Jj

Kk Ll Mm Nn Oo

Pp Qq Rr Ss Tt

Uu Vv Ww Xx Yy

Zz

Handwriting Practice Shee

Aa Bb Cc Dd Ee

Ff Gg Hh Ii Jj

Kk Ll Mm Nn Oo

Pp Qq Rr Ss Tt

Uu Vv Ww Xx Yy

Zz

Handwriting Practice Sheet

Aa Bb Cc Dd Ee

Ff Gg Hh Ii Jj

Kk Ll Mm Nn Oo

Pp Qq Rr Ss Tt

Uu Vv Ww Xx Yy

Zz

Handwriting Practice Sheet

Aa Bb Cc Dd Ee

Ff Gg Hh Ii Jj

Kk Ll Mm Nn Oo

Pp Qq Rr Ss Tt

Uu Vv Ww Xx Yy

Zz

Handwriting Practice Sheet

Aa Bb Cc Dd Ee

Ff Gg Hh Ii Jj

Kk Ll Mm Nn Oo

Pp Qq Rr Ss Tt

Uu Vv Ww Xx Yy

Zz

Handwriting Practice Shee

Aa Bb Cc Dd Ee

Ff Gg Hh Ii Jj

Kk Ll Mm Nn Oo

Pp Qq Rr Ss Tt

Uu Vv Ww Xx Yy

Zz

Handwriting Practice Sheet

Aa Bb Cc Dd Ee

Ff Gg Hh Ii Jj

Kk Ll Mm Nn Oo

Pp Qq Rr Ss Tt

Uu Vv Ww Xx Yy

Zz

Handwriting Practice Sheet

Aa Bb Cc Dd Ee

Ff Gg Hh Ii Jj

Kk Ll Mm Nn Oo

Pp Qq Rr Ss Tt

Uu Vv Ww Xx Yy

Zz

Handwriting Practice Sheet

Aa Bb Cc Dd Ee

Ff Gg Hh Ii Jj

Kk Ll Mm Nn Oo

Pp Qq Rr Ss Tt

Uu Vv Ww Xx Yy

Zz

Handwriting Practice Shee

Aa Bb Cc Dd Ee

Ff Gg Hh Ii Jj

Kk Ll Mm Nn Oo

Pp Qq Rr Ss Tt

Uu Vv Ww Xx Yy

Zz

Handwriting Practice Sheet

Aa Bb Cc Dd Ee

Ff Gg Hh Ii Jj

Kk Ll Mm Nn Oo

Pp Qq Rr Ss Tt

Uu Vv Ww Xx Yy

Zz

Handwriting Practice Sheet

Aa Bb Cc Dd Ee

Ff Gg Hh Ii Jj

Kk Ll Mm Nn Oo

Pp Qq Rr Ss Tt

Uu Vv Ww Xx Yy

Zz

Handwriting Practice Sheet

Aa Bb Cc Dd Ee

Ff Gg Hh Ii Jj

Kk Ll Mm Nn Oo

Pp Qq Rr Ss Tt

Uu Vv Ww Xx Yy

Zz

Handwriting Practice Shee

Aa Bb Cc Dd Ee

Ff Gg Hh Ii Jj

Kk Ll Mm Nn Oo

Pp Qq Rr Ss Tt

Uu Vv Ww Xx Yy

Zz

Handwriting Practice Sheet

Aa Bb Cc Dd Ee

Ff Gg Hh Ii Jj

Kk Ll Mm Nn Oo

Pp Qq Rr Ss Tt

Uu Vv Ww Xx Yy

Zz

Handwriting Practice Sheet

Aa Bb Cc Dd Ee

Ff Gg Hh Ii Jj

Kk Ll Mm Nn Oo

Pp Qq Rr Ss Tt

Uu Vv Ww Xx Yy

Zz

Made in the USA
Las Vegas, NV
30 January 2022

42628106R00057